Markus Fürstenberger

BASEL
BÂLE
BASLE

Friedrich Reinhardt Verlag, Basel

Umschlagbild:
Hoch über dem Rhein: das romanisch-gotische Münster mit Bischofshof und Pfalz.

Frontispiz:
Engel mit dem Basler Wappen, dem Bischofsstab, flankiert von musizierenden Engeln, am einzigartigen hochgotischen Fischmarktbrunnen.

Couverture:
La cathédrale de style roman et gothique, l'ancienne résidence de l'évêque et la «Pfalz» dominent le Rhin.

Frontispice:
Ange tenant l'écusson bâloise à la crosse épiscopale, entouré d'anges musiciens sur la fontaine de style gothique du Fischmarkt.

Cover: High above the Rhine, the Romanesque-Gothic cathedral with its terrace and bishop's residence.

Frontispiece:
Angel with the Basle arms (bishop's crozier) and celestial sidemen contribute to the distinctive charm of the High Gothic fountain at the Fischmarkt (Fish Market).

Photos: Jörg Hess, Basel (S. 29)
Christian Kalous, Basel (S. 31)
Offizielles Verkehrsbüro der Stadt Basel (S. 9, 11)
Stefan Zurkinden, Basel (S. 2, 7, 13, 15, 17, 19, 21, 23, 25, 27, 33, 35, Umschlag)

Traduction française: Paul Felix Rüegg, Reinach/BL
English translation: Bob Fiedler, Allschwil/BL

Printed in Switzerland
Satz, Druck und Einband:
Friedrich Reinhardt AG, Basel
© 1982 by Friedrich Reinhardt Verlag, Basel
Alle Rechte vorbehalten
ISBN 3 7245 0501 9

BASEL BÂLE BASLE

Europäischer Stadtstaat

Mitten in Basel wendet sich der Rhein gegen Norden, dem Meer zu, eine Lage, die auf jeder Karte deutlich zu erkennen ist; hier wird der Gebirgsfluss zum europäischen Schicksalsstrom. Diese Situation prägte die Stadt. Das romanisch-gotische Münster dominiert seit Jahrhunderten die prächtige Altstadtsilhouette entlang des Rheinufers, was die Deutung des Namens Basilea als «Basilia», als königliche Stadt, stützen würde. Die Lage bestimmte auch die Geschichte des heutigen Stadtstaates von 37 km² Grösse und über 200 000 Einwohnern am Schnittpunkt wichtiger Verkehrswege, am Grenzstein dreier Staaten: der Bundesrepublik Deutschland, Frankreichs und der Schweiz, an der jahrhundertealten Begegnungsstätte dreier Kulturen, im Brennpunkt von Handel, Verkehr, Industrie, Wissenschaft und Kunst sowie im Mittelpunkt einer aktiven Region mit über 600 000 Bewohnern.

Die Ursprünge Basels liegen in keltischer Zeit, im vierten vorchristlichen Jahrhundert, doch sind auch schon zahlreiche Spuren einer früheren Besiedlung gefunden worden. Zur Zeit der Römer bildete der heutige Münsterplatz ein Kastell, das Grenzfunktion ausübte und den Bewohnern Schutz gewährte. Später zog der im 10 km rheinaufwärts gelegenen römischen Augusta Raurica residierende Bischof ins geschützte Basel und wurde mit der Zeit weltlicher Herr der freien Reichsstadt und so Reichsfürst; sein Fürstbistum reichte vom elsässischen Colmar bis an den Bielersee. An seine Macht erinnert Basels Wappen, der Hirten- oder Bischofsstab.

Um 1200 erfolgte der Bau eines halbkreisförmigen ersten Mauerrings, der das Münster, die Talstadt der Handwerker und die Strassenzüge zwischen St. Peter und St. Leonhard einbezog. 1225 kam es zur Errichtung der ersten Brücke; sie blieb lange die einzige bis zur Nordsee. Rechtsrheinisch entwickelte sich als ummauerte Brückenkopfsiedlung Kleinbasel. Gleichzeitig erhielten die Bürger das Recht auf einen selbständigen Rat, der bald von den

Etat-cité européen

Au cœur de la ville, le Rhin prend la direction du Nord, de la mer, particularité qui apparaît clairement sur toute carte géographique: c'est ici que le torrent de montagne originel devient un grand fleuve européen. Cette situation a marqué la ville. La cathédrale de style roman tardif et gothique domine depuis des siècles l'imposante silhouette de la vieille ville en bordure du Rhin et rappelle la signification première du nom de Basilea, la ville royale. Sa situation a également déterminé le destin historique de l'Etat-cité actuel – qui compte 37 km² de superficie et plus de 200 000 habitants – au point de rencontre d'importantes voies de communication et aux portes de trois Etats: la République fédérale allemande, la France et la Suisse. Bâle est ainsi le centre de gravité d'une région de plus de 600 000 habitants, une aire de rencontre pendant de longs siècles de trois civilisations différentes, un centre de commerce, de communication, d'industrie, de science et d'art.

L'origine de Bâle remonte à l'époque celtique, au quatrième siècle avant Jésus-Christ, cependant, de nombreuses traces d'une implantation plus ancienne ont été mises à jour. A l'époque romaine, un fort avait été érigé à l'emplacement de l'actuelle place de la Cathédrale, qui faisait fonction de poste de frontière et protégeait la population. Ultérieurement, l'évêque, qui résidait à Augusta Raurica, ville romaine située à 10 km en amont du Rhin vint s'établir dans la place fortifiée de Bâle; au cours du temps, il devint seigneur temporel de la ville impériale et prince-évêque; sa principauté épiscopale s'étendait de Colmar en Alsace jusqu'au lac de Bienne. Les armes de Bâle, la crosse de berger ou d'évêque rappellent sa puissance.

Vers 1200 la première enceinte semicirculaire qui entourait la cathédrale, le quartier des artisans et les rues situées entre les églises de St-Pierre et St-Léonard fut érigée et l'année 1225 vit la construction du premier pont qui sera pendant longtemps le seul passage sur le Rhin jusqu'à la mer du Nord. Sur la

A European "city-state"

Whether you're visiting Basle or living here, this book may help answer some of your questions about the city and its people, the Basler. Even questions you never knew you had: Is there a link between Basle and the Statue of Liberty in New York? Why did Basle put Picasso to a popular vote? What on earth is a cosmographer (Basle had a famous one)? Which Swiss city allows you to walk through the shopping streets with a river underfoot – without knowing it – or leave Swiss territory without noticing it?

More seriously: Why was Basle once described as the focal point of Christianity? How did Basle's traditional tolerance contribute to its growth? What was Basle's role in defining Swiss independence? Where was the connection between Basle and the birth of Israel? How did Basle's historical and geographical position help shape the city you see today?

The first fact of Basle is the Rhine, the river that literally put it on the map. Starting off as a Swiss mountain stream, the Rhine ends up a major European waterway, and Basle is part of that story. The Romanesque-Gothic cathedral has watched over the Rhine here for centuries, and Basle was a royal residence (or "Basilia", from the Greek) for the rulers of the Holy Roman Empire. Basle itself – with 200 000 inhabitants – is confined by politics and geography to an area of just 37 km², but this same geography has helped make the city a center of transport and trade, science and industry, higher learning and the arts, in a region comprising some 600 000 people in France and West Germany as well as Switzerland.

Basle's origins go back to the 4th century B.C. Celts, but there is evidence of even earlier settlement. The hill where the cathedral (Münster) now stands became a frontier fort for the Romans. Later, the bishop moved his residence from the Romans' Augusta Raurica (10 km upstream) to Basle. The bishop eventually doubled as secular ruler of this free imperial city: a prince of the realm as well as a prince of the Church.

immer zahlreicher und stärker werdenden Zünften getragen wurde. Sie konnten nach und nach das Regiment der Stadt an sich reissen. Basel wurde zur eigentlichen Zunftstadt mit einer selbstbewussten Bürgerschaft. Sie fand nach vielen Kriegswirren im Gebiet des Oberrheins 1501 im Bündnis mit der Eidgenossenschaft treuen Schutz und vor allem bessere Entwicklungsmöglichkeiten. Für die Eidgenossen bedeutete der Anschluss Basels einen wichtigen Vorstoss gegen Norden, die Öffnung neuer Handelswege und die Stärkung der Verbindungen zu den Nachbarmächten.

Die Stadt erhielt im Bund die Pflicht zur Vermittlung und legte durch ihr Wirken die Grundlage zur späteren Neutralität der Schweiz. Basel nützte seine Chance und seine gefährdete Lage zwischen den Staaten; es mischte sich nicht in die Politik ein, sondern baute seine bedeutende Position inmitten Europas in wirtschaftlicher, kultureller, wissenschaftlicher und humanitärer Hinsicht erfolgreich aus.

So entwickelte sich Basel in den vergangenen Jahrhunderten zu einer wichtigen Handelsstadt und bildet heute in jeder Beziehung einen idealen Rahmen für internationale Fachmessen und Kongresse aller Wissensgebiete. Die durch kriegerische Auseinandersetzung erfolgte Abtrennung der Landschaft im Jahre 1833 brachte politische und wirtschaftliche Rückschläge, zugleich aber eine erfolgreiche Besinnung auf den Wert eines Stadtstaates.

rive droite du fleuve se développa le «Petit-Bâle», une colonie en tête de pont entourée de remparts. Simultanément, les bourgeois obtenaient le droit de former un conseil indépendant soutenu par des corporations de plus en plus puissantes. Ils purent ainsi s'emparer peu à peu du gouvernement de la ville. Bâle devint alors une ville de corporations dont les bourgeois étaient conscients de leur force. En 1501, après de nombreuses années de guerre dans la région du Haut-Rhin, la ville trouva dans l'alliance avec la Confédération une protection loyale et surtout de plus grandes possibilités de développement. Pour les Confédérés cette alliance avec Bâle représentait une importante avancée vers le Nord, l'ouverture de nouvelles voies de commerce et le renforcement de leurs relations avec les pays voisins.

Au sein de la Confédération, Bâle a été investie d'un rôle d'intermédiaire et, par ses bons offices, elle posa les fondements de ce qui devait devenir la neutralité helvétique. Bâle saisit sa chance et joua de sa position menacée entre les Etats; elle ne s'occupa jamais de politique mais établit sa situation importante au cœur de l'Europe en favorisant avec succès son développement dans les domaines économique, culturel, scientifique et humanitaire.

Au cours des siècles, Bâle est devenu une importante cité marchande et offre actuellement un cadre idéal pour des foires spécialisées et des congrès scientifiques à l'échelle internationale.

His sway extended from Colmar (Alsace) to the Lake of Bienne in Switzerland; the bishop's staff is preserved in the cantonal coats of arms of both Basle-City and Basle-Countryside, and of Canton Jura as well.

In 1200 A.D. the first city wall enclosed the cathedral and much of today's "old town" in a half-circle. In 1225, the first bridge spanned the Rhine, and it long remained the only such crossing all the way to the North Sea. Meanwhile, Kleinbasel ("Little Basle") was developing as a fortified bridgehead on the right bank, and Basle's citizens received the authority to form their own governing council. This body gradually came to be dominated by the increasingly numerous and powerful guilds, which eventually controlled the administration of the city. Entry into the Swiss Confederation in 1501 created new opportunities for both sides, with Basle enjoying greater protection in a turbulent age and the Confederation obtaining a valuable opening for trade links and political relations with states to the north. Basle's new responsibilities included the function of arbitrator within the Confederation, and its behavior helped lay the groundwork for later Swiss neutrality. While managing to avoid political entanglements itself, Basle utilized its delicate "borderline" status to achieve a significant position in Europe economically and culturally, distinguishing itself in the advancement both of knowledge and of humanitarian causes.

Täglicher bunter Blumen-, Gemüse- und Früchtemarkt vor dem Rathaus, dem stolzen Symbol der freien Zunftstadt mit eigenem Rat.

Chaque jour, le marché aux fleurs, aux légumes et aux fruits anime la place devant l'Hôtel de Ville, fier symbole d'une ville libre dirigée par un conseil représentant les corporations.

The colorful market for flowers, fruit and vegetables in front of the town hall (Rathaus) – proud symbol of a free city of guildsmen with their own council.

Mittelalterliche Weltstadt

«Basel ist, wie mir scheint, entweder der Mittelpunkt der Christenheit oder liegt nicht weit von ihm entfernt...» Mit diesen Worten beginnt ein Schreiben des Konzilssekretärs Aeneas Sylvius Piccolomini, des späteren Papstes Pius II., aus dem Jahre 1438. Damals trafen sich Kardinäle, Bischöfe, Kaiser, Fürsten, Kaufleute und viel Volk in der Rheinstadt. Das Reformkonzil von 1431–1448 hat die Geschichte und das Wesen Basels in verschiedener Hinsicht verändert: Jetzt entwickelten sich die Papierherstellung, der Buchdruck, der Humanismus, die Wissenschaften, der Handel und die Künste. Bald zog es Gelehrte und Künstler in grosser Zahl nach Basel. Hier fanden sie Anerkennung und Ruhm, so die Humanisten Erasmus von Rotterdam und Sebastian Castellio, der Theologe Johannes Oekolampad, der Kosmograph Sebastian Münster, der Mediziner Andreas Vesal, die Maler Hans Holbein d. J. und Urs Graf, der Buchdrucker Johann Froben. Auch die Toleranz, ein wichtiger Grundzug der baslerischen Geisteshaltung und des europäischen Einsatzes zahlreicher Basler, wurde vor allem während des Konzils gefördert. Die Offenheit der Stadt zeigte sich im Verlauf der Jahrhunderte immer wieder. Aus Basel kamen neue Ideen zahlloser Gelehrter, wie der Mathematiker Jacob und Daniel Bernoulli und Leonhard Euler, des Kulturhistorikers Jacob Burckhardt, der Philosophen Friedrich Nietzsche und Karl Jaspers sowie des Theologen Karl Barth. 1897 fand hier auch der erste Zionistenkongress statt, an dem wegweisende Beschlüsse für den 1947 Wirklichkeit gewordenen Staat Israel gefasst wurden.

Ein zentraler Ort dieser freien Meinungsäusserung ist die Universität, deren Gründung 1460 eine direkte Folge des Konzils und seiner eigenen Hohen Schule war.

Métropole médiévale

«Bâle est, comme il m'en paraît, le centre de la chrétienté ou elle n'en est pas loin...» C'est par ces mots que débute une lettre du secrétaire du Concile Aeneas Sylvius Piccolomini – le futur pape Pie II – datée de 1438. A l'époque, cardinaux, évêques, empereur, princes, marchands et petit peuple se rencontrèrent dans la ville rhénane. Le Concile de Bâle qui se tint de 1431 à 1448 a modifié à maints égards l'histoire et le caractère de la ville: la fabrication du papier, l'imprimerie, l'humanisme, les sciences, le commerce et les arts prirent leur essor. Erudits et artistes affluèrent à Bâle où ils furent appréciés et connurent la célébrité: les humanistes Erasme de Rotterdam et Sébastien Castellio, le théologien Jean Oecolampade, l'astronome Sébastien Munster, le médecin André Vésale, les peintres Hans Holbein le Jeune et Urs Graf, l'imprimeur Jean Frobenius.

Trait marquant de l'esprit de la ville et de l'engagement européen de bon nombre de Bâlois, la tolérance s'est également épanouie durant le concile. Au cours des siècles, le caractère ouvert de Bâle s'est maintes fois manifesté: c'est d'ici que partirent les idées nouvelles de nombreux érudits tels que les mathématiciens Jacob et Daniel Bernoulli et Léonard Euler, l'historien Jacob Burckhardt, les philosophes Frédéric Nietzsche et Karl Jaspers ainsi que le théologien Karl Barth. C'est ici qu'eut lieu en 1897 le premier congrès sioniste au cours duquel furent prises les décisions qui aboutirent à la fondation de l'Etat d'Israël en 1947.

Le centre de la libre circulation des idées et des opinions est toujours l'Université dont la fondation en 1460 est la conséquence directe du Concile et de sa Haute-Ecole, créée à cette occasion.

A center of ideas from medieval to modern times

"In my estimation, if Basle is not at the very center of Christianity today, it is not very far removed..." So wrote "Aeneas Sylvius" Piccolomini (later Pius II) in 1438, as secretary to a bishop at the Council of Basle. This great reforming council (1431–1448) drew cardinals, bishops, emperors, princes, merchants and others to Basle, and led to the flourishing of paper-making, printing, humanism, scholarship, trade and the arts in this city on the Rhine. The town opened its doors to men of letters and artists from all over Europe, such as the humanists Erasmus of Rotterdam and Sebastian Castellio, Johannes Oekolampadius the theologian, Andreas Vesalius the anatomist and physician, the painters Hans Holbein the Younger and Urs Graf, the printer Johannes Frobenius, and Sebastian Münster the cosmographer (also Orientalist and mathematician – not surprising in such a discipline as cosmography, whose purpose was to describe and map the main features of the heavens and the earth and which thus embraced astronomy, geography and geology).

Tolerance, a spirit of inquiry and a certain "Europeanism" received a strong impetus in Basle during the Council. In later centuries, many great thinkers' great ideas found expression here: witness the mathematicians Jacob and Daniel Bernoulli and Leonhard Euler, the historian Jacob Burckhardt, the philosophers Friedrich Nietzsche and Karl Jaspers, the theologian Karl Barth... The First Zionist Congress met in Basle in 1897 and formulated the "Basle Program", which was instrumental in the movement which led to the state of Israel half a century later. A powerful forum for the free exchange of ideas is the University of Basle (1460), a direct outgrowth of the Council and of the Council's own ecclesiastical university.

Fassade des Münsters. Im Giebelfeld Maria, flankiert vom Stifter, Kaiser Heinrich II., und seiner Gattin Kunigunde; unten links St. Georg, rechts St. Martin.

Façade de la cathédrale. Dans le tympan, la Vierge entourée de l'empereur Henri II, fondateur et de sa femme Cunégonde. En bas à gauche St-Georges, en bas à droite St-Martin.

Cathedral façade. The tympanum depicts the Virgin Mary flanked by the founder, Emperor Henry II and the Empress Cunegonde; below left, St. George, right, St. Martin.

Schutz und Trutz

Ein Kennzeichen jeder mittelalterlichen Stadt war die trutzige Stadtmauer, die den Einwohnern Sicherheit bot und die Angreifer abschreckte. Beide Basler Stadtteile, links und rechts des Rheins, waren von hohen Mauern umgeben. Eine erste wurde um 1200 erstellt, eine zweite, die bis in die Mitte des letzten Jahrhunderts die Stadt schützte, um 1400. An die ältere Umwallung erinnert noch heute ein Turm am Petersgraben, an die spätere ein grösserer Mauerabschnitt im St. Albantal und drei Tore: Spalentor, St. Albantor, St. Johanntor. Breite Strassenzüge mit Anlagen, wie Aeschengraben und St. Alban-Anlage, erstrecken sich auf dem Areal der Mauern und Gräben. Diese Mauern waren während Jahrhunderten ein sicherer Hort zahlreicher politisch und religiös Verfolgter aus ganz Europa. Basel suchte stets seine politische und religiöse Freiheit zu wahren.

Im 16. Jahrhundert kamen Glaubensflüchtlinge, Refugianten, aus Frankreich und Italien nach Basel und führten hier mit grossem Erfolg das Seidengewerbe und die Bandindustrie ein. Auch in der Neuzeit hat Basel immer wieder Flüchtlinge aufgenommen und dafür Zeichen des Dankes erhalten. Auf die bedrängten Strassburger des Krieges 1870/71, die in der Schweiz Zuflucht fanden, bezieht sich das von F. A. Bartholdi (Schöpfer der Freiheitsstatue von New York) geschaffene Strassburger-Denkmal beim Bahnhof SBB. Weitere Denkmäler vor der Clarakirche und im Schützenmattpark beziehen sich auf die Zeit des Zweiten Weltkrieges.

Hinter den Mauern entwickelte sich eine neue Überbauung mit einem intensiven, durch Handwerk, Gewerbe und Handel geprägten Alltag. Ein starkes Erdbeben und ein Brand zerstörten 1356 einen Grossteil der Stadt. Nach dem raschen Wiederaufbau bildeten Steinhäuser statt Holzbauten die Stadt.

Protection et défense

Les murs d'enceinte imposants destinés à protéger les habitants et à repousser les attaquants étaient le signe distinctif de toute ville médiévale. Les deux parties de notre ville, sur les rives gauche et droite du Rhin étaient entourées de remparts élevés: le premier fut construit vers 1200, le second, qui protégeait la ville jusqu'au milieu du siècle dernier, vers 1400. Du premier rempart il subsiste encore une tour au Petersgraben, du second, un pan de muraille assez important à la St. Alban-Tal ainsi que trois portes: Spalentor, St. Alban-Tor et St. Johann-Tor. De larges avenues agrémentées de parcs publics s'étendent sur l'emplacement des murs et des fossés qui ont disparu. Pendant des siècles, ces remparts représentèrent un refuge sûr pour nombre de ceux qui, à travers toute l'Europe, étaient persécutés en raison de leurs opinions politiques ou de leur appartenance religieuse: Bâle a toujours cherché à préserver sa liberté dans le domaine politique et religieux. C'est au XVIe siècle qu'affluèrent ici des réfugiés de France et d'Italie, introduisant avec succès le tissage de la soie et la passementerie dans la cité rhénane. Jusqu'à une époque plus récente, Bâle n'a pas cessé d'accueillir des réfugiés dont elle a reçu un témoignage de reconnaissance: non loin de la gare, le monument de Strasbourg, œuvre du sculpteur Bartholdi (auquel on doit la statue de la Liberté à New York) rappelle le souvenir des réfugiés de la guerre de 1870/71 qui trouvèrent asile à Bâle. D'autres monuments devant l'église Sainte Clara ou au Schützenmattpark se rapportent à l'époque de la Seconde guerre mondiale.

A l'intérieur des murs, la cité se développait et, avec elle, de multiples activités quotidiennes: artisanat, manufacture, commerce. Un violent tremblement de terre suivi d'un incendie en

A free life behind the city walls

The cities which rose to prominence during the Middle Ages were fortified settlements. They needed their walls to defend their privileges, their property and their hard-won rights, and for that matter, to ensure that the necessary taxes were collected at the gates on the goods the merchants brought into town to trade (which levies were a major source of income for the medieval city). Basle was no exception in this regard, on both sides of the Rhine. The first of its high walls was erected around 1200, and the second ring of fortifications (which was still standing in the middle of the nineteenth century) around 1400. The Petersgraben tower is from the first periphery, while the preserved wall section in the St. Alban-Tal area and the three city gates – Spalen-Tor, St. Alban-Tor and St. Johann-Tor – are "second generation" defenses from two hundred years later. Broad streets, squares or parks now stand where the walls and moats once were, e.g. Aeschengraben and St. Alban-Anlage. For centuries these walls offered protection to political and religious refugees from all over Europe. In the sixteenth century refugees from France and Italy launched Basle's successful (and historically significant) silk and silk-ribbon industries. Testimony to the survival of this tradition of sanctuary can be found across from the Bahnhof SBB central station, where Basle's humanitarianism in modern times is commemorated in the monument by F. A. Bartholdi (who also did the Statue of Liberty) for the refugees from beleaguered Strasbourg – which was bombarded during the Franco-Prussian war. Statues at the St. Clara church and the Schützenmatt park relate to the time of the Second World War.

A thriving community of craftsmen, tradesmen and artisans grew up in the shadow of the first city wall. This was

---

Spalentor, mächtiges und reich verziertes Bollwerk der Stadtbefestigung gegen Westen (2. Hälfte 14. Jh.), mit Vorstadt.

La porte de Spalen, puissant ouvrage de défense de l'enceinte médiévale de la ville (2e moitié du 14e siècle) et le faubourg du même nom.

The Spalentor city gate, an elegant but still formidable part of the city's defenses to the west (2nd half of the 14th century.

Zahlreiche Gassen und Strassen in der Basler Talsiedlung entlang des Birsigs (heute unterirdisch geführtes Flüsschen) wurden durch die Niederlassung von Angehörigen des gleichen Berufsstandes bestimmt, so der Sattler, Gerber, Schneider, Rebbauern; an sie wird man heute noch durch manche Gassenbezeichnungen gemahnt. Die Altstadt Basels mit den vielen gut erhaltenen Wohn- und Handwerkerbauten, mit kleinen von Bäumen und Brunnen geschmückten Innenhöfen und Durchblicken ist ein besonderer Anziehungspunkt für Einheimische und Fremde. Das Haus hatte im Erdgeschoss die Werkstatt oder den Verkaufsladen, im ersten Stock befanden sich die Küche und die Wohnstube, im zweiten lagen die Schlafräume. Die Gegend um Nadelberg, Imbergässlein, Spalenberg, Gemsberg, Heuberg und Leonhardsberg gehört zu den schönsten und lebendigsten Altstadtpartien Europas. Viele der Bauten wurden in den vergangenen Jahren stilvoll restauriert. Ebenso faszinierend sind zahlreiche weitere Aspekte der Stadt, wie das Rathaus, das Stadthaus, das Schöne Haus am Nadelberg, das Wildt'sche Haus am Petersplatz, das Weisse und das Blaue Haus am Rheinsprung. Sie zeugen von einem vornehmen, aber nicht protzigen Lebensstil der durch Handel reich gewordenen Stadt.

Basel strahlt in seinen Bauten einen Hauch von Würde und Stolz aus. Wer per Schiff nach Basel kommt, wird von dem einzigartigen Stadtbild entlang des Flusses gefangen – ein Anblick, den man nicht so leicht vergisst!

détruisirent une grande partie en 1356. C'est à cette époque que, lors de la reconstruction de la ville, les maisons de bois cédèrent la place aux bâtiments de pierre.

De nombreuses rues et ruelles de la partie basse de la ville, le long de la petite rivière de la Birsig aujourd'hui entièrement souterraine virent l'établissement de corps de métiers qui s'y regroupaient par spécialités; aujourd'hui encore, les noms de mainte rue rappellent cette époque. La vieille ville bâloise, avec ses maisons d'habitation ou ses ateliers très bien conservés, ses petites cours intérieures agrémentées d'arbres ou de fontaines, ses passages inattendus possède un charme qui ravit autant le Bâlois que l'étranger de passage. La maison typique était composée d'un atelier ou boutique au rez-de-chaussée, d'une cuisine et d'une pièce commune au premier étage et enfin de chambres à coucher au second. Le quartier qui entoure les rues aux noms anciens – Nadelberg, Imbergässlein, Spalenberg pour ne citer que celles-ci – compte parmi les «vieilles villes» les plus belles et les plus vivantes d'Europe. Beaucoup de ses maisons ont été magnifiquement restaurées au cours des dernières années.

La cité rhénane offre de nombreux autres aspects séduisants: l'Hôtel de Ville, la Maison des Bourgeois et les belles maisons patriciennes de la Petersplatz ou du bord du Rhin. Elles témoignent d'une opulence de bon ton et du style de vie cossu mais sans ostentation d'une ville que le commerce avait enrichie. L'architecture bâloise dégage une impression de réserve et de dignité. Pour ceux qui ont abordé la ville par le fleuve, le paysage urbain qui se présente à leur vue est exceptionnel et laisse une impression inoubliable.

also a typical medieval urban development. Much of the town was destroyed in 1356 by an earthquake and fire. Reconstruction was rapid, however, and the industrious citizens rebuilt old wooden structures in stone.

Many of the streets and lanes in the former valley of the Birsig (the river still flows through Basle, but has been culverted and paved over from Heuwaage on; it empties into the Rhine at the Middle Bridge) were "colonized" by specific trades – e.g. saddlers (Sattler), tanners (Gerber), tailors (Schneider) – whose callings are recorded in the street names. Many of the well-preserved buildings in Basle's old town still provide dwelling and workshop space, and their courtyards, with trees and fountains, are a particularly attractive feature of the city. The shop or workshop was traditionally on the ground floor, kitchen and living room on the floor above, and bedrooms on the next level up. The area around Nadelberg, Imbergässlein, Spalenberg, Gemsberg, Heuberg and Leonhardsberg is one of the loveliest – and most alive – old towns in Europe. Many buildings have been tastefully restored in period styles. The Rathaus (town hall), Stadthaus (civic building), the "Schönes Haus" on the Nadelberg, the "Wildt'sches Haus" on Petersplatz, the "white" and "blue" houses on the Rheinsprung are all fascinating examples of how a city can grow rich on trade and yet resist ostentation.

The architecture is particularly appealing from the river, and the visitor who arrives by boat – whose initial view of the town is its waterfront – will have an unforgettable first impression of Basle.

Partie der Altstadt mit Seidenhof und einem lautlos dahingleitenden Fährschiff.

Partie de la vieille ville avec le «Seidenhof» et un chaland glissant sans bruit sur le fleuve.

The Seidenhof house in the old town, with one of Basle's ferries gliding by.

Gewerbe und Industrie

Mit dem Aufbau einer eigentlichen Gewerbesiedlung an einem kleinen Kanalsystem rund um das Kloster der Cluniacenser-Mönche, St. Alban, begann im 12. Jahrhundert die Geschichte der Basler Industrie. Später kamen besondere Gewerbezonen im Kleinbasel dazu. Dank der günstigen Handelswege von und nach Basel konnte die Ware rasch und gut transportiert werden. Im 15. Jahrhundert entstanden die Papierindustrie und die Druckereien, zum Teil wiederum im St. Albantal, wo die Papierherstellung bis in die Neuzeit heimisch blieb. Eine wiedereingerichtete, täglich funktionierende Papiermühle lässt heute etwas von den früheren Gewerbebetrieben aufleben.
In der Altstadt, an der Mündung des Birsigs und rund um den Marktplatz, entwickelten sich die Handwerkerbuden, deren Meister und Gesellen sich in den Zünften zusammengeschlossen hatten, um so ihr Gewerbe vor auswärtiger Konkurrenz und vor schlechter Qualität zu schützen. Die ersten Zunftbriefe stammen aus dem frühen 13. Jahrhundert. Die Zünfte förderten nicht nur das Aufstreben der Stadt als wirtschaftliche Macht, sie waren bei der Schaffung des Rates massgebend beteiligt. Erst nach der Französischen Revolution am Ende des 18. Jahrhunderts wurde ihre Macht gebrochen. Aber noch heute bilden die 20 Zünfte, die 5 Vorstadt- und die 3 Kleinbasler Ehrengesellschaften im gesellschaftlichen und stadtverbundenen Alltag Basels eine wichtige Rolle; ihre farbenprächtigen Banner gehören zum Festbild der Bürgerschaft.
Impulse zum Aufbau einer Industrie gaben vor allem die Hugenotten aus Frankreich und die Glaubensflüchtlinge aus Italien und Flandern. Sie brachten die Seidenbandfabrikation, die Seidenfärberei und die Schappe-

Des canaux de l'artisanat aux cheminées d'usine

C'est par l'expansion de l'artisanat implanté autour d'un petit système de canaux, non loin du prieuré des moines clunisiens de St-Alban que commence, au XIIe siècle l'histoire de l'industrie bâloise. Plus tard, l'artisanat se développa également de l'autre côté du Rhin, dans le Petit-Bâle. Grâce à des voies de transit extrêmement favorables, les marchandises pouvaient circuler vite et bien. L'industrie du papier et l'imprimerie naquirent au XVe siècle, au St. Alban-Tal, où la fabrication du papier se poursuivit jusqu'aux temps modernes. Aujourd'hui, un moulin à papier reconstruit et quotidiennement mis en œuvre fait revivre un peu de l'atmosphère d'antan.
Dans la vieille ville, à l'embouchure de la Birsig et autour de la place du marché, les échoppes d'artisans se multiplièrent; maîtres et compagnons s'étaient groupés en corporations, afin de protéger leurs métiers de la concurrence étrangère et de garantir la qualité de leurs produits. Les premières chartes des corporations datent du XIIIe siècle. Elles donnèrent à la ville son expansion et sa puissance économiques et participèrent à la constitution du Conseil. Ce n'est qu'après la Révolution française, à la fin du XVIIIe siècle, qu'elles perdirent leur autorité. Cependant, aujourd'hui encore, les 20 corporations bâloises, les sociétés des faubourgs du Grand-Bâle et du Petit-Bâle jouent un rôle très actif dans la vie sociale de la cité et leurs bannières multicolores font partie de nombreuses festivités.
Les impulsions de l'essor industriel furent surtout le fait des Huguenots français et des protestants persécutés d'Italie et des Flandres. Ils amenèrent avec eux l'industrie de la passementerie, de la teinture de la soie et de la filature de la bourre de soie qui purent se maintenir jusqu'au XXe siècle. L'industrie bâ-

From canalside workshops to factory chimneys

Basle's industrial history began in the 12th century when a small canal system around the Cluniac St. Alban monastery developed into a center of manufacture. Special zones were later established in Kleinbasel as well. The convenient trade routes to and from Basle meant that the goods produced could be taken to market with relative ease. The paper and printing industries gew up in the 15th century, also, in part, in the St. Alban bottomlands, where papermaking continued to flourish into the past century and where a rebuilt paper mill can now be seen in daily operation as part of the Museum of Paper, Writing and Printing. The graphic arts, printing and publishing continue to be important today, and this is reflected in the quality of instruction at the Kunstgewerbeschule (school of arts and crafts).
The workshops in the old town, at the mouth of the Birsig and around the marketplace (Marktplatz) provided a firm base for the guilds established to protect against outside competition and to maintain quality standards; the first guild charters date from the early 13th century. The guilds not only acted as "civic boosters" but were also instrumental in the creation of Basle's governing council, and their power was only broken after the French Revolution at the end of the 18th century. Even today, the 20 guilds, 5 "Vorstadt" societies originally responsibile for the defense of the city walls, and 3 Kleinbasel associations, still feature prominently in Basle's social life and its traditional festivals and ceremonies.
Huguenots fleeing France, and religious refugees from Italy and Flanders, made a major contribution to Basle's economic development by introducing the silk-ribbon, silk-dyeing and schappe-spinning industries, which

---

St. Alban-Teich, von den Cluniacenser-Benediktiner-Mönchen erstellter Gewerbekanal für die Mühlen und die Handwerksbetriebe rund um das 1083 gegründete Kloster St. Alban.

Le canal de St-Alban creusé par les moines bénédictins et clunisiens pour ravitailler en eau les moulins et ateliers près de leur couvent de St-Alban fondé en l'an 1083.

The St. Alban-Teich canal built by Cluniac-Benedictine monks to serve the mills and workshops as well as the St. Alban monastery (founded 1083).

spinnerei, die sich bis ins 20. Jahrhundert erhalten konnte. Die Basler Seidenbandindustrie trug entscheidend zur erfolgreichen Entwicklung der chemischen Industrie in der Rheinstadt bei. In der zweiten Hälfte des letzten Jahrhunderts ging jedoch, beeinflusst durch Mode und Handelspolitik, die Bandindustrie zurück; gleichzeitig setzte aber der Erfolg der Teerfarbenindustrie ein. Später wurde der chemischen Industrie die Herstellung von Heilmitteln, Kunststoffen und Schädlingsbekämpfungsmitteln angegliedert. Die Produkte von Ciba-Geigy, F. Hoffmann-La Roche und Sandoz erhielten Weltruf, und der Name Basel bekam für viele Fabrikanten, Ärzte und Agraringenieure einen besonderen Klang.

Zugleich schwang sich Basel zu einem bedeutenden Finanzplatz mit zahlreichen Grossbanken und vielen Kleininstituten wie auch bekannten Versicherungsgesellschaften auf. Die meisten Basler kennen sich in Geldfragen gut aus, steht doch ihre Stadt auch im Ruf, eine der reichsten Städte der Welt zu sein. 1929 wurde sie Sitz der Bank für Internationalen Zahlungsausgleich (BIZ), deren moderner Turmbau ein Wahrzeichen des Finanzplatzes Basel ist. Auch die 1876 errichtete Basler Effektenbörse nimmt eine wichtige Stellung ein.

Wie schon im Spätmittelalter, so spielt auch heute die Kunst der Graphik und des Buchdrucks im wirtschaftlichen Leben der Stadt eine wesentliche Rolle. Aus den Fachkursen der Kunstgewerbeschule erhielt die moderne Graphik zahlreiche neue Impulse. Auf wissenschaftlichem Gebiet haben verschiedene Forschungsstätten, wie das Biozentrum, internationale Bedeutung.

loise de la rubannerie fut un facteur décisif du développement de l'industrie chimique dans la ville rhénane. Cependant, sous l'influence de la mode et l'évolution de la politique commerciale, la rubannerie commença à décliner dans la seconde moitié du siècle dernier; à la même époque l'industrie des colorants dérivés du goudron connaissait ses premiers succès. Plus tard, l'industrie chimique entreprit la fabrication de médicaments, de matières synthétiques et de pesticides. Les produits de Ciba-Geigy, F. Hoffmann-La Roche et Sandoz acquièrent une renommée mondiale et le nom de notre ville devint familier à de nombreux fabricants, médecins et ingénieurs agronomes.

C'est encore à cette époque que Bâle s'éleva au rang d'importante place financière, domicile de nombreuses grandes banques et petits instituts ainsi que de compagnies d'assurance considérables. La plupart des Bâlois ont un indéniable talent en matière financière, leur ville ayant la réputation d'être l'une des plus riches du monde. En 1929, Bâle fut choisie pour être le siège de la Banque des Règlements internationaux (BRI) dont la tour, d'une architecture très moderne, symbolise parfaitement notre ville en tant que place financière. Enfin, la bourse de Bâle, fondée en 1876, occupe également une position importante.

Comme à la fin du moyen-âge, les arts graphiques et l'imprimerie jouent toujours un rôle important dans la vie économique de la ville. – Différents instituts de recherche, comme le Biocentre jouissent d'une réputation méritée dans les milieux scientifiques internationaux.

survived into the 20th century. Silk-ribbon manufacture was a decisive factor in the emergence of the chemical industry in Basle, and although the ribbon business declined in the second half of the last century (due to changing fashions and trade patterns) the chemical companies were increasingly successful with their aniline dyes. Then came the move into pharmaceuticals, synthetics and pesticides, and the products of Ciba-Geigy, F. Hoffmann-La Roche and Sandoz became known throughout the world; "Basle" means something special today to many manufacturers, doctors and agricultural scientists. International research facilities such as the Biozentrum have also contributed to Basle's worldwide reputation in scientific circles.

At the same time Basle was establishing itself as a financial center (and early in our century it was described as the chief commercial and banking city of Switzerland). Basle is a monied city – reputedly one of the wealthiest in the world – and when it comes to money matters, there is an awareness that money matters. The Bank for International Settlements (BIS) was established in Basle in 1929 and its modernistic new tower stands as a symbol of the city's financial role. The Basle Stock Exchange – founded in 1876 – has developed into an important securities market.

Hohe Bauten für Forschung und Fabrikation der weltweit bekannten Basler Chemie-Produkte.

Les hauts bâtiments abritant la recherche et la fabrication des produits renommés de l'industrie chimique de Bâle.

The imposing buildings of Basle's chemical and pharmaceutical industry house both research and production facilities.

Handel und Wandel

Der Rhein, der aus dem Osten kommend sich in Basel gegen Norden wendet, schuf nicht nur die Lage der Stadt mit den Durchgängen in alle Himmelsrichtungen, sondern beeinflusste auch grundlegend ihre Geschichte. Auf ihm gelangten schon in frühester Zeit Güter aus fernen Ländern ins Oberrheingebiet. Hier entwickelte sich ein Umschlags- und Handelsplatz zwischen Nordeuropa und Italien, zwischen Donauraum und Innerfrankreich. Er wurde 1225 durch den Bau der ersten festen Rheinbrücke noch verstärkt. Zur gleichen Zeit konnte der Gotthard durch die Erschliessung der Schöllenenschlucht erstmals als Alpenübergang benützt werden, womit eine neue Epoche begann. Jetzt kamen zu den Kaufleuten vermehrt Rompilger und Jerusalemfahrer. Das Privileg Kaiser Friedrichs III. von 1471 zur Durchführung von jährlich zwei Messen, von denen sich die beliebte Herbstmesse mit ihren Traditionen bis heute erhalten hat, bedeutete einen weiteren wichtigen Abschnitt in dieser Entwicklung. Jetzt war der Handel freier und erst noch vom Reich geschützt.
Basel verstand es, seine günstige Handels- und Verkehrslage stets zukunftsfreudig auszubauen: 1832 erstes Dampfschiff in Basel, 1844 Bahnlinie Strassburg–Basel und erster Bahnhof auf Schweizerboden, rascher Ausbau der Bahnlinien in alle Richtungen, 1845 Erweiterung des Postwesens und Herausgabe des berühmten «Baslerdybli», der ersten Briefmarke der Welt in drei Farben und Prägedruck, 1904 Eröffnung der Rheinschiffahrt bis Basel, 1911 erste Flugzeuglandung, 1946 Bau des internationalen Flughafens Basel-Mülhausen auf französischem Territorium. So wurde ein dichtes Netz von Wasserstrassen, Schienensträngen, Strassen

Commerce et autres activités

Le Rhin qui, venant de l'Est change de cours à Bâle pour se diriger vers le Nord, n'a pas seulement déterminé la situation de la ville en la dotant de nombreux passages dans toutes les directions, il a également influencé son histoire de manière décisive. A des époques très reculées déjà, le Rhin transportait des marchandises en provenance de pays lointains dans la région du Haut-Rhin. C'est ici que se créa et que se développa une importante plaque tournante entre le nord de l'Europe et l'Italie, entre la région du Danube et la France, centre de commerce que la construction du premier pont sur le Rhin en 1225 vint encore renforcer. A la même époque, l'ouverture de la gorge de Schöllenen permit de traverser les Alpes par le Saint-Gothard, et ce fut le début d'une ère nouvelle: des pèlerins en chemin pour Rome ou pour Jérusalem se joignirent de plus en plus nombreux aux marchands. Le privilège de tenir deux foires annuelles – dont l'une, la Foire d'automne s'est maintenue jusqu'à nos jours avec toutes ses traditions – accordé par Fréderic III en 1471 favorisa encore davantage cette évolution. Le commerce devint encore plus libre et bénéficia en outre de la protection de l'Empire.
Bâle sut toujours mettre en valeur sa situation privilégiée de place de transit en s'adaptant aux exigences des temps: premier bâteau à vapeur en 1832, ouverture de la ligne de chemin de fer Bâle-Strasbourg en 1844 et première gare sur le territoire suisse, rapide extension des voies ferrées dans toutes les directions, développement des communications postales en 1845 et édition du premier timbre du monde à trois couleurs et en impression en relief, la célèbre «Colombe de Bâle», ouverture de la navigation rhénane jusqu'à Bâle en

Down through the ages, a city built on trade

From the earliest stages of history, goods from far-off lands have passed through Basle on their way to the Upper Rhine region. In the Middle Ages, Basle developed into an important trading and transshipment center between northern Europe and Italy, between the Danube basin and the interior of France. Its position was strengthened by the first permanent bridge across the Rhine in 1225, coinciding with the opening up of the St. Gothard route through the Alps, (by the bridging of the Schöllenen gorge) which heralded a new era and led to the stream of merchants being augmented by pilgrims to Rome and the Holy Land. From 1471, Basle enjoyed the privilege granted by Frederick III for the holding of two market fairs a year – one of which survives today, as the Autumn Fair, with an atmosphere more traditional than commercial. The fair privilege made Basle an even freer marketplace – and placed its commerce under imperial protection.
Basle exploited its advantages to the full down through the centuries, and helped usher Switzerland into the modern age of trade and industry. The city saw its first steamship in 1832. In 1844 came the Strasbourg-Basle railway line and the first rail terminal on Swiss territory; this was followed by the rapid extension of the rail network in all directions. In 1845 there was significant expansion of the postal system, and Basle issued its famous "Baslerdybli" postage stamp (featuring a carrier pigeon – the "dybli" or "Taube" – with a letter in its beak), the first stamp printed in relief and in three colors. In 1904 the Rhine was opened up for modern shipping through to the port of Basle; in 1911 came the first airplane landing and in 1946, the Basle–Mulhouse interna-

---

Pylon im Basler Rheinhafen: Treffpunkt dreier Länder, dreier Kulturen und Mittelpunkt einer grossartigen Landschaft und einer aufstrebenden, aktiven Region Europas.

Le pilône dans le port de Bâle marque le point de rencontre des trois pays Allemagne, France et Suisse et de leurs cultures respectives. C'est là que se trouve le centre d'une région économique en plein essor.

The pylon in Basle's Rhine port marking the "Three Countries' Corner" where France, Germany and Switzerland meet, symbolizing the dynamic interface of three European cultures in a region of striking visual appeal.

und Autobahnen sowie Fluglinien gewoben, in dessen Mitte Basel liegt.

Für den Import und Export der Schweiz spielen all diese Fäden eine wichtige Rolle, so dass Basel seit Jahrhunderten in jeder Beziehung das Goldene Tor der Eidgenossenschaft ist. Weite Rheinhafenanlagen, Rangierbahnhöfe, Zollfreilager und grosse Speditionsfirmen kennzeichnen diese Situation.

Da die Schweiz sehr wenig Naturschätze besitzt, umfasst der Import alle notwendigen Rohstoffe und Verbrauchsgüter. Der Export besteht vor allem aus Chemieprodukten, Maschinen, Fahrzeugen, Nahrungsmitteln. Nicht zu vergessen ist der umfangreiche Transitverkehr, ferner zu Wasser auch der Touristenverkehr mit fahrplanmässigen Schiffsverbindungen bis Norddeutschland und den Niederlanden.

1917 brachte die neugegründete Schweizer Mustermesse eine starke Belebung des Messewesens. Aus der nationalen Messe ist inzwischen dank Basels gut ausgebauten Dienstleistungen ein Ort bedeutender internationaler Spezialmessen geworden. Aber auch Fachtagungen und Kongresse finden hier statt. Mit rund 200 000 m² Bruttoausstellungsfläche und dem neuen Kongresszentrum (Eröffnung 1984) wird der Messeplatz Basel bald zu den fünf grössten Messeplätzen Europas gehören. Die Reize der Stadt inmitten einer prächtigen Jura-, Schwarzwald- und Vogesenlandschaft bieten nach der Arbeit oder dem Messebesuch viele Gelegenheiten zu Entspannung und Freude. All diese Aspekte sind auch die Gründe für die enge Verbundenheit des Baslers mit seiner Heimatstadt. Gross ist der Drang des Baslers in die Fremde, grösser aber noch sein «Heimweh», sein stetes Zurückstreben in die alten Gassen und Winkel, oft nur für einige Tage. In zahlreichen Städten der Welt haben sich die dort ansässigen Basler zu kleinen Clubs zusammengeschlossen, um so manch heimisch Vertrautes zu pflegen.

1904, premier atterrissage en 1911 et enfin construction de l'aéroport international de Bâle–Mulhouse sur territoire français en 1946. Ainsi se créa un réseau extrêmement dense de voies fluviales et ferroviaires, de routes, d'autoroutes et de voies aériennes dont Bâle est le cœur même.

Tous ces moyens de communication revêtent une signification vitale pour les exportations et les importations de notre pays, de sorte que, depuis des siècles, Bâle est la véritable «porte d'or de la Confédération» dans tous les domaines. De vastes installations portuaires, des gares de triage, des entrepôts francs et de grandes entreprises de transports attestent cette position.

Comme la Suisse ne dispose que de très faibles ressources naturelles, elle importe toutes les matières premières et les biens de consommation nécessaires. Les exportations consistent en produits chimiques, machines, véhicules et produits alimentaires. Mentionnons enfin un important trafic de marchandises en transit ainsi que le tourisme fluvial avec des communications vers l'Allemagne du Nord et la Hollande.

En 1917, la création de la Foire Suisse d'échantillons donna un essor nouveau à ce secteur d'activités. C'est à cette foire nationale – et à la gamme de prestations qu'elle a su développer – que Bâle doit sa position de ville de foires internationale. Congrès et rencontres spécialisées ont également lieu ici chaque année. Avec ses 200 000 m² de surface brute d'exposition, et le nouveau centre européen de congrès, dont l'ouverture est prévue pour 1984, Bâle sera une des cinq plus grandes villes de foire d'Europe. Notre ville, située au cœur des magnifiques paysages du Jura, de Forêt-Noire et des Vosges, offre maintes possibilités de délassement et de plaisir après une longue journée de travail ou de visite de foire.

Le Bâlois est fortement attaché à sa ville natale, ce qui ne l'empêche pas de s'expatrier, mais souvent, la nostalgie l'incite à retourner à Bâle.

tional airport. Sited in neighboring France because of Basle's limited space, this airport is truly international, with a special fenced road leading from Basle so travellers can drive from Switzerland to the terminal building without going through French customs.

With all its links to the outside world by road and rail, water and air, Basle's importance to Switzerland's foreign trade is obvious. For centuries this city has been the "golden gate" of Switzerland, and this role is evident today in the extensive waterfront developments, the huge expanse of marshalling yards and other rail facilities, the duty-free warehouses and the presence of major forwarding agents.

Given Switzerland's lack of natural resources, virtually all raw materials and many consumer goods have to be imported. The exports which help pay for these foreign commodities include chemicals, machines, vehicles, food products, etc. Also important are Basle's transit traffic and even the tourist cruises along the Rhine, with services to northern Germany and the Netherlands.

In 1917 the Swiss Industries Fair added another dimension to Basle's existence as a marketplace and exhibition center. In the interim, this national trade fair has become an international event. With 200 000 sq. metres of gross exhibition area and the new European Convention Center (as of 1984) making it one of the five biggest trade fair sites in Europe, the "Muba" has helped draw scores of other congresses and specialized exhibitions to Basle as well, thanks to the quality and range of services offered at an easy-to-reach location. Another attraction is that Basle is easy to leave: with France and West Germany just across the border, the Jura range and the Vosges mountains, the Black Forest conveniently nearby, you can "get away from it all" without having to launch a major expedition. The slogan, "Basle is always worth the visit", turns out to be quite apt.

Lebendige Geschichte

Immer wieder steht man in Basel vor eindrucksvollen Klosteranlagen und Kirchen, deren Türme und Fassaden seit Jahrhunderten das Stadtbild prägen und heute anschaulich Geschichte und Alltag verbinden. Diese Zeugen der mittelalterlichen Architektur und Kunst sowie des mittelalterlichen Geistes bestimmen manchen Platz. Das gilt für die Barfüsserkirche (die grösste Franziskanerkirche nördlich der Alpen, mit dem höchsten Chor bis Köln), die Predigerkirche der Dominikaner, die Kartause, St. Leonhard, St. Peter, St. Martin, St. Clara. Seit der Berufung der reformfreudigen Benediktiner 1083 nach dem St. Albantal bis zur Reformation 1529 herrschte in Basel ein vielfältiges, reiches Klosterleben. Viele Orden hatten hier ihre feste Niederlassung oder ihr Absteigequartier. Ihre Mönche brachten neue Impulse aus der europäischen Geisteshaltung. Besondere Kontakte entstanden mit der Universität, mit den anderen Klostergemeinschaften und dem Stadtklerus.
Berühmt waren die Bibliotheken der einzelnen Klöster, deren Handschriften und Inkunabeln heute den Grundstock der grossen und angesehenen Universitätsbibliothek bilden. Die vielen vorreformatorischen Klosterbauten, die dank der Basler Toleranz erhalten geblieben sind, dienen heute weiterhin dem Gottesdienst oder erfüllen, wie die Barfüsserkirche als einzigartiges Historisches Museum, eine Funktion, die mit den kulturellen Zielen des Mönchstums übereinstimmt.
Dank der Basler Denkmalpflege und dem Kunstverständnis aller Bevölkerungskreise wurden Bauten, Häusergruppen und Strassenzüge aus den letzten neun Jahrhunderten ausgezeichnet in das moderne Stadtbild einbezogen.

Un passé historique encore vivant

En flânant dans la ville, on trouve sur son chemin des couvents toujours imposants et des églises dont les tours et les façades marquent le paysage urbain depuis des siècles et qui relient aujourd'hui le passé historique à la vie quotidienne. Ce sont ces témoins de l'art et de l'architecture médiévaux ainsi que de la pensée du moyen âge qui donnent à plus d'une place tout son cachet: la Barfüsserkirche – la plus grande église franciscaine au Nord des Alpes et le chœur le plus élevé jusqu'à Cologne –, l'église des Dominicains, la Chartreuse, les églises Sainte-Clara, Saint-Léonard, Saint-Pierre, Saint-Martin. Depuis l'installation de l'ordre de Cluny à la St. Alban-Tal en 1083 jusqu'à la Réforme en 1529, une vie conventuelle très active se développa à Bâle.
De nombreux ordres religieux s'y étaient établis ou y possédaient leurs pied-à-terre. Les moines apportèrent à Bâle les nouveaux courants de la pensée européenne; ils entretenaient des contacts étroits avec l'Université, avec les autres communautés religieuses, ainsi qu'avec le clergé séculier de la ville.
Les bibliothèques de certains couvents étaient célèbres, leurs manuscrits et leurs incunables forment aujourd'hui la base de la Bibliothèque universitaire, vaste et réputée. Les nombreux couvents et églises d'avant la Réforme et qui, grâce à l'esprit de tolérance bâlois, ont été conservés jusqu'à nos jours, servent encore pour les offices religieux ou, comme la Barfüsserkirche transformée en un incomparable Musée Historique, remplissent une fonction qui ne les éloigne guère de la mission culturelle de leurs fondateurs.

Living history

The importance of Basle as a European crossroads in the highly religious Middle Ages is reflected in the many churches and cloisters whose spires and courtyards have been a hallmark of the city for centuries. The medieval spirit still lives in Basle's architecture: the Barfüsser church (largest Franciscan church north of the Alps, highest choir until Cologne); the Dominicans' church; the Carthusian monastery; the churches of St. Leonhard, St. Peter, St. Martin and St. Clara. Between the invitation to the reforming Benedictines (who settled in St. Alban-Tal in 1038) and the Reformation itself in 1529, a wide spectrum of monastic orders established cloisters or way-stations in Basle. Through their contacts with each other, with local priests and with the university, Basle shared in the intellectual and spiritual life of Europe.
The university's valuable collection of manuscripts and incunabula is a direct legacy of the famous monastic libraries of Basle. The city's architectural heritage is also enriched by the many Pre-Reformation monastic buildings still standing (partly thanks to Basle's practice of tolerance). Services are still held in some of these structures today, and others, such as the Barfüsser church now housing the remarkable Historical Museum, are put to cultural uses which would doubtless find favor with their original occupants, the monks.
Thanks to the general interest in preservation and appreciation of art at all levels of society, the city today presents a harmonious blend of modern architecture and buildings from the last nine centuries.

Die imposante und weite Kirche der Barfüsser-Mönche (Franziskaner) im Zentrum der Stadt; heute Historisches Museum mit vielen Schätzen der Kunst am Oberrhein und aus Basels Geschichte.

La vaste et haute Barfüsserkirche (église des Cordeliers) se dresse au milieu de la ville. Elle contient aujourd'hui le Musée Historique avec de nombreuses œuvres d'art de la région et des témoins précieux de l'histoire bâloise.

The Franciscan monks' spacious "Barfüsser" church, an architectural landmark in the center of town, which now serves as the home of the Historical Museum with its rich – and beautifully presented – collection from Basle and the Upper Rhine region.

Reiche Kunstschätze

Es gehört zum Wesen der Basler, nicht alles «an die grosse Glocke zu hängen» und im stillen zu wirken. Basels Kultur ist reich, seine Kunstschätze sind gross. Ein Teil ist verborgen in Privatsammlungen, das andere befindet sich in den über 20 Museen aller Wissensgebiete, manchmal als schweizerische oder internationale Besonderheit herausgestellt. Da gibt es Sammlungen der Kunst, der Völkerkunde, der Naturgeschichte, der Wohnkultur; aber auch das Judentum, der Sport, die Spielzeuge sind mit Kostbarkeiten vertreten. Das 1661 gegründete Kunstmuseum gilt als älteste öffentliche Kunstsammlung der Welt. Zu seinen berühmtesten Schätzen gehören bedeutende Werke von Konrad Witz, Hans Holbein d.J., Arnold Böcklin, der Impressionisten und der Modernen Malerei, insbesondere von Pablo Picasso.

Im gleichen Gebäude befindet sich das einzigartige Kupferstichkabinett und in seiner Nähe das 1980 eröffnete Museum für Gegenwartskunst. Im Völkerkundemuseum stechen die Objekte aus Neuguinea hervor, im Antikenmuseum die grossartigen Vasen-Sammlungen und im Kirschgarten die aussergewöhnlichen Porzellan- und Fayence-Sammlungen. Der Basler sammelt eifrig, behält aber sein wertvolles Sammelgut oft nicht für sich, sondern schenkt es der Öffentlichkeit. So bilden private Stiftungen den Grundstock der weltberühmten Sammlungen.

Wohl einmalig war 1967 die Grosszügigkeit der Bevölkerung bei der Abstimmung über die Gewährung eines 6-Millionen-Kredites zum Ankauf zweier Werke von Picasso («Arlequin assis» und «Les deux frères»). Zu den Steuergeldern kam damals noch der Ertrag einer privaten Spendenaktion. Der Künstler war von dieser Einstellung beeindruckt und honorierte sie durch das Geschenk von vier weiteren Werken.

Trésors d'art et riches collections

La ville recèle de grands trésors d'art, fruits d'une riche culture séculaire, mais une bonne partie de ces richesses se trouve dans des collections privées. D'autres œuvres-d'art et des objets de tout genre sont visibles dans plus de vingt musées bâlois. On y trouve les beaux-arts, l'ethnographie, les sciences naturelles, les arts et métiers, de même que des objets du culte judaïque, d'autres qui illustrent l'histoire des sports, des jouets anciens et j'en passe. Le musée des Beaux-Arts dont les origines remontent au 17e siècle (1661) est la plus ancienne collection d'œuvres d'art du monde entier, ouverte au public. Les maîtres anciens, tels que Konrad Witz et Hans Holbein-le-Jeune, mais aussi Arnold Böcklin du 19e siècle, y sont représentés largement. S'y ajoute un ensemble exceptionnel de tableaux de l'école impressioniste et d'art moderne, dont plusieurs toiles de Pablo Picasso. Le même édifice abrite le Cabinet d'estampes et non loin de là a été inauguré en 1980 le Musée d'art contemporain. Des objets provenant de la Nouvelle-Guinée font la gloire du Musée d'ethnographie. Le Musée des antiques est riche en vases grecs et le «Kirschgarten», ancien hôtel particulier du 18e siècle renferme des collections de meubles, de faïences et de porcelaines de toute beauté. Des donations privées sont à l'origine de plusieurs collections publiques. Pour créer ou enrichir un musée, les Bâlois sont prêts à consentir de gros efforts financiers. Témoin la générosité de la population lors du vote concernant un crédit de 6 millions de francs pour acquérir 2 œuvres capitales de Picasso. Des dons privés substantiels étaient venu arrondir les deniers publics. Impressionné par cet élan exceptionnel en faveur de son œuvre, l'artiste a offert par la suite 4 autres tableaux au Musée des Beaux-Arts.

A storehouse of art and history

Basle's rich legacy of art was assembled mainly by private citizens pursuing personal or scholarly interests. This is still true today, and much remains "buried" in Basle's private collections. But with more than 20 museums, the public has been the major beneficiary and the vast range reflects the role of individual tastes in forming these collections. There are superb museums for the fine arts, ethnography, natural history, decorative arts and fine design – as might be expected – but Judaism, sport, fire brigades, Rhine navigation, and toys and cats (both in Riehen) also enjoy their own museums.

The Museum of Fine Arts, dates back to 1661 (when the city and university bought up a private collection to keep it in Basle). It was the world's first public art collection. The works by Konrad Witz, Hans Holbein the Younger, Arnold Böcklin, the Impressionists and the moderns – particularly Picasso – should not be missed, and the Department of Prints and Drawings is outstanding.

Two of the Picassos – the "Seated Harlequin" and "The Two Brothers" – were purchased with the help of Sfr. 6 million voted by the Basle electorate in 1967 and another Sfr. 2.4 million from a fund drive, again to keep the paintings in town. Picasso was so pleased by this popular enthusiasm that he donated 4 more works himself.

Across the street is the Museum of Ancient Art, with magnificent vases; down by the Rhine, the new (1980) Museum for Contemporary Art. Also nearby, on the cathedral hill, the Museum of Ethnography (impressive collection of New Guinea artifacts) is combined with the Swiss Museum for European Folklore. For a look at the refinement in European lifestyles in recent centuries, the porcelain and faience in the Kirschgarten Museum are a must.

Rodins «Bürger von Calais» im Hof des Kunstmuseums, der ältesten öffentlichen Kunstsammlung der Welt.

Les «Bourgeois de Calais» d'Auguste Rodin dans la cour du Musée des Beaux-Arts, la plus ancienne collection publique d'œuvres d'art dans le monde.

Rodin's "Burghers of Calais" in the courtyard of the Museum of Fine Arts – the oldest public art collection in the world.

Vielfältiges kulturelles Leben

Dem Besucher Basels wird rasch bewusst, in einer kulturell aufgeschlossenen Stadt zu weilen. Das zeigt schon das Stadtbild.

Basel war schon zur Konzilszeit durch seine vielen Brunnen bekannt. Die Bewohner schenken ihnen seit je durch künstlerische Ausschmückung besondere Aufmerksamkeit. Zu den schönsten gehören der gotische Fischmarktbrunnen, der Brunnen in der Spalenvorstadt, auf dem Münsterplatz der Brunnen von Gaetano Pisoni und vor dem Kunstmuseum das Werk Alexander Zschokkes. Das bunte Kunstangebot wird ferner durch zahlreiche Galerien bereichert; die Galerie Beyeler ist berühmt. Zu erwähnen ist ferner die ART, die bedeutendste internationale Messe für zeitgenössische Kunst. Auch als Musikstadt hat Basel einen ausgezeichneten Ruf. Neben den eigenen bekannten Orchestern, dem Basler Sinfonie-Orchester und dem Basler Kammerorchester, gastieren in der Rheinstadt Orchester und Dirigenten aus aller Welt. Grosse Komponisten und Interpreten fühlten und fühlen sich in Basel und unter den Basler Musikfreunden wohl. An der Musik-Akademie unterrichten bedeutende Musiker Studenten aller Nationen.

Sich zu verkleiden und vorübergehend ein anderer zu sein, schätzt der Basler. Darum hat er seit den mittelalterlichen Mysterien- und Fasnachtsspielen auf den Plätzen der Stadt seine Freude am Theater, am Cabaret und an der Fasnacht. Das Stadttheater und die Komödie bieten eine grosse Auswahl des klassischen und modernen Schauspiels, der Oper, der Operette und des Balletts. Der literarisch-musikalischen Kleinkunst und dem heiteren Kammerspiel widmen sich die Theater Fauteuil und Piccolo sowie das Café zum Teufel.

Une vie culturelle des plus intenses

L'hôte de Bâle ne tardera pas de s'apercevoir qu'il se trouve dans une ville ouverte depuis longtemps à la culture. Le paysage urbain du vieux Bâle en est la preuve.

Au 15e siècle déjà, lors du Concile, les nombreuses fontaines de Bâle ont été remarquées par les étrangers. Parmi les plus belles, citons la fontaine de style gothique sur le Fischmarkt, celle dans le faubourg de Spalen, ainsi qu'une autre près de la cathédrale et qui est l'œuvre d'un Pisoni. N'oublions pas la fontaine monumentale de Zschokke devant le musée des Beaux-Arts.

Le commerce de l'art est assuré par de nombreuses galeries. ART, la foire internationale la plus importante d'art contemporain, se tient aussi à Bâle.

Bâle est renommée comme ville musicienne. Des orchestres et des solistes du monde entier viennent s'y donner rendez-vous. Bâle possède de même des ensembles réputés, tels que l'orchestre symphonique et l'orchestre de musique de chambre de Bâle. Compositeurs et interprètes ont toujours trouvé le meilleur accueil et un public qui sait apprécier leur art. A l'Académie de musique de Bâle, des musiciens remarquables travaillent avec des élèves venus du monde entier.

Depuis l'époque des mystères joués au moyen âge à l'occasion des fêtes religieuses et des farces interprétées lors du carnaval, les Bâlois ont eu le goût des spectacles. Le Théâtre municipal et la Comédie offrent un grand choix de spectacles classiques et modernes, des opéras, des opérettes et des ballets de haute qualité. Mais il existe également des scènes plus petites, telles que le Théâtre Fauteuil, le Théâtre Piccolo et le café «Zum Teufel», qui excellent dans le genre du cabaret artistique et littéraire.

A rich cultural life

A receptiveness to cultural influences and ideas is apparent in Basle's architecture, and the streets and passageways are well worth exploring for the charming miniature vistas and delightful details awaiting rediscovery.

The colorful fountains gracing the city today were already famous at the time of the Council of Basle; among the most attractive are the Gothic Fishmarket fountain, the Spalenvorstadt fountain, the Gaetano Pisoni fountain on the Münsterplatz, and the fountain by Alexander Zschokke outside the Museum of Fine Arts.

The artistic landscape is enhanced by the numerous art galleries located in the city, including the distinguished Beyeler gallery. In addition, the annual ART exhibition has become the leading international art fair for contemporary painting and sculpture.

Basle is also notable for its musical accomplishments, with two well-known orchestras of its own, the Basle Symphony and the Basle Chamber Orchestra, and guest performances from all over the world. The Music Academy has an international student body.

The Fasnacht, Basle's carnival, brings out another typical characteristic: a love of play-acting and make-believe. This tradition, which goes back at least to the medieval mysteries and carnival plays, survives today in a fondness for cabaret and staunch support for the Stadttheater (municipal theater) and the Komödie playhouse, where the offerings range from opera, operettas and ballet to classical and modern drama. The performing arts are also sustained on a smaller scale on such stages as the Theater Fauteuil and the Piccolo, the Café zum Teufel, Zum Isaak and others, not to mention Basle's beloved troupe of puppets and marionettes.

Eindrucksvolles, künstlerisch anregendes und lustiges Wasserspiel des Tinguely-Brunnens, umgeben von Kunsthalle, Stadttheater, Musiksaal und Historischem Museum.

Les engins mécaniques produisant les jeux d'eaux de la fameuse «Fontaine Tinguely» qu'entourent le nouveau Théâtre Municipal, la «Kunsthalle» (lieu d'expositions d'art), la Salle des Concerts et le Musée Historique.

The popular kinetic sculptures of the "Tinguely Fountain" are appropriately sited among a number of other cultural attractions: the Stadttheater, the Kunsthalle art museum, the concert hall (Casino) and the Historical Museum.

Basler Spezialitäten

«Zolli» nennen die Basler liebevoll ihren durch einmalige Zuchterfolge (bei Menschenaffen, bei Okapi, Panzernashorn und anderen Tierarten) berühmten Zoologischen Garten, dessen weite schöne Gehege und Anlagen, Vivarien und Aquarien in einem grossen Park inmitten der Stadt liegen. Er gehört zu den stärksten Basler Attraktionen, man erachtet ihn in seiner ganzen Art als etwas Typisches, Eigenes – und das ist er auch!

Ähnliches kann nur über das Verhältnis der Basler zu ihren Bräuchen gesagt werden, die intensiv gepflegt und streng gehütet werden. Schon im Familienkreis lebt das überlieferte Brauchtum ausgeprägt und spontan weiter. Dazu kommen verschiedene Jahresereignisse, bei denen sich reiches Volkstum mit Pracht entfaltet.

Die Fasnacht ist wohl der bekannteste Anlass. Da gehen die sonst eher zurückhaltenden Basler aller Kreise für drei Tage und Nächte aus sich heraus, spotten über sich selbst, über ihre Mitmenschen, über das vergangene Jahr in Politik, Staat und Gesellschaft. Der ganze Spuk, dessen Wurzeln in Frühlingsbräuchen und im Zunftwesen liegen, beginnt – und dies ist wirklich etwas Einmaliges – mitten in der Nacht, am Montag nach dem Aschermittwoch morgens um vier Uhr mit dem «Morgenstreich». Von überall her tauchen in der verdunkelten Innerstadt die Cliquen, die Fasnachtsgesellschaften, mit ihren hell erleuchteten, bunt bemalten grossen Laternen, den Tambouren und Piccolospielern auf. Da erzittert die Stadt von Trommelschlag und Pfeifenklang. In den Gaststätten wärmt man sich bei Mehlsuppe und Zwiebelwähe. Am Montag- und Mittwochnachmittag ziehen die Cliquen erneut durch die Stadt, diesmal mit viel Ideen und künstlerischem Aufwand ein bestimmtes Su-

Specialités bâloises

Les Bâlois éprouvent beaucoup de sympathie pour leur jardin zoologique qui jouit d'une renommée méritée et mondiale auprès des spécialistes pour avoir pratiqué depuis longtemps l'élevage d'espèces en péril (anthropoïdes, Ocapis, Rhinocéros etc.). Un grand parc entoure les enclos et les maisons qui abritent les animaux, les vivariums et les aquariums. Le zoo est une des attractions majeures de Bâle et l'on vient de loin pour le visiter.

Si les habitants de Bâle sont très attachés à leur jardin zoologique, ils le sont tout autant à leurs traditions. Dans bien des familles, des coutumes ancestrales continuent à être pratiquées. S'y ajoutent différentes fêtes et événements le long de l'année qui laissent des traditions populaires hautes en couleur paraître au grand jour. Le Carnaval est certainement l'événement le plus marquant de l'année bâloise: Pendant 3 jours et 3 nuits, les Bâlois – se déguisent pour se défouler, se moquent d'eux-mêmes et des autres et passent en revue de façon très ironique les événements de l'année dernière. Le Carnaval des Bâlois, qui plonge ses racines dans des coutumes lointaines pour fêter l'arrivée du printemps et les us des corporations, commence dans la nuit noire, le lundi qui suit le mercredi des Cendres à quatre heures du matin avec le «Morgestraich». Des groupes portant d'énormes lanternes multicolores et éclairées defilent lentement aux sons aigus des fifres, accompagnés des roulements sourds des tambours et cette «musique» remplit toute la vieille ville dont les lumières sont éteintes. Un peu plus tard, on mange dans les restaurants des mets traditionnels: la soupe à la farine rôtie et des gâteaux ou tartes aux oignons. Le lundi et le mercredi après-midi, les mêmes groupes se promènent de nouveau à travers la ville, tous cos-

Basle specialties

In Basle, the popular name for the zoological gardens is "Zolli" – a diminutive used as a term of endearment. Indeed, the Basle zoo is known throughout the world for its success in breeding animals in captivity as well as being one of the city's greatest attractions with well-tended enclosures, vivariums and aquariums forming a large park-like area near the center of town.

The affection the people feel for "their" zoo is typical, as is the care with which inherited customs are handed down from generation to generation within the family and in the life of the community.

The Fasnacht is probably the best-known Basle phenomenon: three days and nights of communal celebration combining ritual and revelry, organized parades and street music with a healthy portion of self-parody and satirical comment on the year gone by. It all starts at 4 a.m. (an ungodly hour which may be an example of "Basle humor") on the Monday *following* Ash Wednesday, when a sudden eruption of martial music launches hundreds of large and small groups through the streets and alleys of the old town, often fantastically costumed and bearing intricately-painted lanterns (resembling huge 19th century political cartoons in color). For sustenance the merrymakers repair to the restaurants for a thick gruel (Mehlsuppe) and onion tart. At the official parades on Monday and Wednesday afternoon, each carnival society ("Clique") has a special central theme – elaborated during the past year – for its painted lanterns, costumes, decorated wagons and satirical verses (distributed to spectators along the parade route). The carnival continues through the night, both in the streets of the old town and in the pubs – where wandering minstrels perform their delightfully irrever-

---

Berühmt durch seinen weiten, alten Park, den Tier-Reichtum, die offenen Gehege und die einmaligen Zuchterfolge: der 1874 gegründete Zoologische Garten nahe der Innerstadt.

Le Jardin zoologique situé près du cœur de la ville est cher au cœur des Bâlois. Les nombreuses espèces d'animaux rares et ses succès d'élevage lui ont valu une renommée dépassant les frontières.

The Zoological Gardens near the heart of town. Founded in 1874, the zoo is also close to the hearts of the Baslers, but its popularity – and its reputation – extend far beyond Switzerland's borders.

jet ausspielend. Kostüm, Laterne, Wagen und Zettel mit Versen gelten dem gleichen Thema. Es ist jedes Jahr bei jeder Clique neu und verlangt von allen Beteiligten neue Einfälle. Am Abend ziehen unzählige kleine Fasnachtsgruppen mit vielen unkostümierten Zuhörern und Zuschauern durch die Gassen, sie «gässlen» und freuen sich still über sich selbst und die schöne Zeit der Fasnacht. In den Wirtschaften werden abends Schnitzelbänke gesungen, pointierte Glossen zu aktuellen Themen und heiteren Bildern. Hier zeigt sich eine feine Kritik an menschlichen und staatlichen Unzulänglichkeiten. Bis Donnerstag früh dauert das eigenartige Treiben, dann kehrt das normale Leben wieder ein. Basel zeigt sein Alltagsgesicht, doch im stillen brodelt der Fasnachtsgeist weiter, bis er übers Jahr wieder losbricht. – Ist es da erstaunlich, wenn Basel als das lustigste Bistum am Rhein bezeichnet wurde!

Zu den weiteren Bräuchen gehören der Spätwinter-Umzug der Ehrenzeichen Wilder Mann, Vogel Gryff und Leu der Kleinbasler Ehrengesellschaften, Anlässe der Zünfte, Quartierfeste, die Bundesfeier am 1. August und die alle fünf Jahre stattfindende Gedenkfeier zur Schlacht bei St. Jakob (1444).

Basel besitzt auch manche kulinarische Spezialitäten. Das Leckerli ist geradezu weltbekannt. Es ist ein zunächst hartes, aber im Mund zart zergehendes Lebkuchengebäck aus Honig, Mehl, Gewürzen, Mandeln, Orangeat und Zitronat, das sich gut als Beigabe zu vielen Getränken eignet. Zur Fasnachtszeit, an Ostern und während der Herbstmesse kennen die Basler weitere köstliche Spezialitäten. Jedermann schätzt sie und bietet sie gerne an.

Aber auch die eigentliche Basler Küche zu Hause und in den zahlreichen Gaststätten mit Spezialitäten hat einen guten Ruf. Einladungen im kleineren oder grösseren Familien- und Freundeskreis gehören zum Basler Alltag.

tumés de neuf et présentant un «sujet» que chaque groupe a choisi longtemps à l'avance et préparé minutieusement. Les déguisements, les lanternes, les voitures, les poèmes satiriques en dialecte bâlois, distribués par dizaines de milliers sur feuilles volantes, tout est consacré à un même sujet qui change chaque année. Au cours des longues soirées, de nombreux petits groupes costumés avec fifres et tambours, suivis le plus souvent de spectateurs parcourent inlassablement rues et ruelles. Dans les restaurants des petits groupes de chanteurs présentent des «Schnitzelbänke», des dessins satiriques qu'ils commentent avec esprit et impertinence pour fustiger les travers de leurs contemporains. On se moque des magistrats, de tout le monde qui tient le haut du pavé et de soi-même. Cette frénésie collective, sous le déguisement dure jusqu'à l'aube de jeudi, puis, très rapidement, la vie normale reprend ses droits. Mais en sourdine, l'esprit carnavalesque continue d'agir pour se manifester avec force une année plus tard. Il n'y a rien de si étonnant qu'au moyen âge, on ait appelé Bâle l'évêché le plus gai sur les bords du Rhin…

Mais il y a d'autres fêtes, d'autres cortèges. Tel celui qui à la fin de l'hiver avant le carnaval réunit les symboles des trois honorables sociétés du Petit-Bâle: le Sauvage, le Griffon et le Lion. Il y a les réunions des corporations, les journées des quartiers qui réunissent les enfants et la fête commémorant la bataille de St-Jacques de 1444.

Bâle offre des spécialités culinaires qui ne sont pas à dédaigner: le «leckerli» est un pain d'épice qui est plutôt dur et croquant pour fondre ensuite délicieusement dans la bouche. Il est fabriqué avec du miel, de la farine, des épices, des amandes, de l'orange et du citron confits. A carnaval et à Pâques, comme pendant la foire d'automne, les Bâlois apprécient encore d'autres spécialités, qui sont offertes aux amis et aux hôtes.

ent song cycles treating (or mistreating) events of the past year. Also typical of Basle: only the parade-afternoons are considered public holidays; Monday and Wednesday morning find the Basler hard at work – if bleary-eyed – while the streets echo with fifes and drums. Tuesday is a "normal" workday… except for the Fasnacht reverberating outside… and on Thursday morning the celebration is (almost) over.

Despite the intrusion of the work-ethic, anyone who has experienced Basle's Fasnacht can attest to the survival of that spirit which earned the city a medieval reputation as the merriest bishopric on the Rhine. There are plenty of other festivals, too. Kleinbasel has its "Vogel Gryff" at the end of winter, when the "wild man", the "griffen" and the "lion" perform ritual street dances on the other side of the Rhine. There are the numerous neighborhood fêtes and bazaars organized by various groups, guild events, the commemoration of the battle of St. Jakob an der Birs (1444) every five years, and of course the annual Autumn Fair.

Basle's culinary specialties (there is even a Basle recipe for salmon, a fish once so abundant in this stretch of the Rhine that its consumption was restricted by the authorities to protect the butchers) include the famous Leckerli, a ginger cookie shipped around the world and made from honey, flour, spices, almonds and candied orange and lemon rind, that starts off like hardtack but then "melts in your mouth". Many of the local delicacies, such as hippocras (in Basle: "Hypocras", an old medicinal drink composed of assorted wines, sugar and an infusion of spices, served with the Leckerli at the turn of the year), are associated with specific festivals like Fasnacht, Easter or the Autumn Fair. While entertaining at home is another Basle tradition, the city also boasts a truly cosmopolitan range of fine restaurants.

Nächtlicher Spuk am Morgenstreich, dem Beginn der dreitägigen Fasnacht. Die grossen Laternen und die Kopflaternen der Tambouren und Pfeifer erleuchten mit ihrer Farbenpracht die Strassen der Innerstadt.

Le carnaval bâlois s'ouvre par la magie nocturne du «Morgenstreich». Il durera 3 jours. Au petit matin de la première journée, les rues reflètent les lumières des lanternes et commencent à résonner des marches des fifres et tambours.

The predawn magic of the "Morgenstreich" opens the Basle Fasnacht, three days – and especially nights – of carnival when the streets are lit up by the glow of elaborately-painted lanterns and echo with the sound of fife and drum.

Stadt und Landschaft

«Stadt ohne Land» wäre eine treffende politische Charakterisierung Basels, ein Sachverhalt, der dem Wachstum der Stadt harte Grenzen setzt. Doch in bezug auf Landschaften als umgebende Natur ist die Stadt verwöhnt. Sie liegt in der Nachbarschaft vieler reizvoller Gegenden, etwa des Birsecks und des Gempenplateaus, die schon immer von den Stadtbewohnern gerne aufgesucht wurden. In der Umgebung befinden sich auch prächtige Landsitze, die zum Verweilen einladen und von glanzvollen Epochen erzählen. Heute bietet sich oft Gelegenheit, bei Konzerten, Ausstellungen oder Festanlässen das Innere zu sehen. Es ist Zeugnis einer Zeit, in der die Basler Handelsleute für Natur und Kunst schwärmten. Die Ermitage bei Arlesheim ist ein solches Dokument des 18. Jahrhunderts. Der Wenkenhof ob Riehen, in dem häufig musikalische Veranstaltungen stattfinden, erwies sich mit seinen weiten Parkanlagen schon als ideales Freilichtmuseum für Skulpturen.

Die schönen Wälder und viele Sehenswürdigkeiten, wie die befestigte Dorfkirche von Muttenz, der Dom von Arlesheim, die Wallfahrtskirche Mariastein, das Goetheanum in Dornach und die Ruinen der Römerstadt Augusta Raurica, locken zu Ausflügen.

Die Beziehungen der Basler zu «ihrer» Landschaft sind wirtschaftlich sehr eng. Zehntausende ausserhalb der Stadt finden in ihr den Arbeitsplatz; zahlreiche Unternehmen müssen jedoch wegen Platzmangel die Stadt verlassen und auswärts einen Betrieb erstellen.

Politisch sind die 1833 nach kriegerischen Auseinandersetzungen entstandenen zwei Halbkantone Basel-Stadt und Basel-Landschaft in den vergangenen Jahren, nachdem eine Wiedervereinigung vom Volk abgelehnt worden ist, zum guten Gedeihen beider Teile eine Partnerschaft eingegangen.

La ville et la campagne

Du point de vue politique, on peut définir Bâle comme un Etat-cité sans terres. Cette réalité est un handicap majeur pour la croissance de la ville. Par contre, Bâle est privilégiée à cause des paysages environnants, tels que la vallée appelée «Birseck» et les hauteurs du «Gempen», un contrefort du Jura. Aux alentours de la ville, à Riehen et à Arlesheim surtout, de belles maisons de campagne d'autrefois rappellent un passé fastueux, lorsque des marchands et des industriels bâlois s'enthousiasmaient pour les beautés de la nature et des arts. L'«Ermitage» à Arlesheim, un parc créé à la fin du 18e siècle, en reste le témoin fidèle. Le «Wenkenhof» au-dessus de Riehen, où des concerts très prisés ont lieu et dont le vaste parc a déjà servi de musée de plein air idéal pour des sculptures modernes en offre un autre exemple.

Les belles forêts et les monuments historiques des environs invitent les Bâlois à sortir de leur ville: citons à ce propos l'église-cathédrale baroque à Arlesheim, l'église fortifiée de Muttenz, le couvent de Mariastein, but de pélerinages, le «Goetheanum» à Dornach et les ruines antiques de la ville romaine Augusta raurica.

Les liens économiques entre Bâle et ses environs sont très étroits. Des dizaines de milliers de navetteurs habitant à l'extérieur travaillent en ville; de nombreuses entreprises bâloises par contre sont obligées par manque de place de quitter Bâle et construire des ateliers et des fabriques ailleurs.

Les deux demi-cantons Bâle-Ville et Bâle-Campagne qui ont été séparés en 1833 après un conflit militaire sanglant, travaillent actuellement la main dans la main pour le plus grand bien des deux partenaires, après l'échec d'une réunification politique refusée par le peuple.

A city out in the country

Basle may be described as a "city-state" but it is also a "city without land", and its expansion has been strictly limited by its narrow political boundaries. But for the people who live in Basle, the surrounding countryside expands their horizons – and their recreation possibilities. The Birseck plain and the Gempen plateau have always been popular with the city-dwellers. In Riehen and Arlesheim, in particular, the magnificent estates – reminders of a glorious age when the merchants of Basle were devotees of nature and art – are often made accessible to the public for concerts, exhibitions and social events. The restored hermitage at Arlesheim recalls the 18th century, and the Wenkenhof in Riehen, often used for concerts, has also proven ideal as an open-air museum for sculpture with its spacious grounds. Other nearby attractions include lovely wooded areas, the walled church of Muttenz, the Arlesheim cathedral, the pilgrimage church of Mariastein, the Goetheanum in Dornach and the Roman ruins of Augusta Raurica (modern Augst).

Basle's economic ties to "its" surrounding countryside are very strong, and tens of thousands of people commute to work from outlying districts. Even so, space constraints have compelled many firms to move their operations out of town while others have remained in Basle setting up additional production units across the border in France and West Germany, in other European countries, and overseas.

The political break between the city and its Swiss hinterland came in 1833, following armed clashes. The electorate of Basle-Countryside rejected Basle-City's reunification overtures in the second half of our century, but a strong contractual relationship of cooperation has been established for their mutual benefit.

Wenkenhof oberhalb Riehen bei Basel, kleines Schloss einer vornehmen städtischen Bürgerfamilie, umgeben von einem prächtigen öffentlichen Park.

La propriété du «Wenkenhof» près de Riehen: un joli manoir appartenant jadis à une famille patricienne et un parc public aux arbres magnifiques.

The Wenkenhof estate in Riehen, a modestly proportioned manor-house built by a well-to-do Basle family, set in a magnificent public park.

Alemannische Region

Région alémanique

An Alemannic region

Die Weite der Oberrheinischen Tiefebene und der breite Strom locken die Basler immer wieder in die Ferne, über die Grenzen, die bereits am Rande der Stadt liegen. Diese Grenznähe zu Frankreich und Deutschland hat die Bewohner zu ständigen Grenzüberschreitern gemacht. So ist ihnen jede Grenze etwas Vertrautes, bedeutet nicht Trennung, sondern Kontakt. Basel hat die Enge der Grenzen schon oft, besonders in den beiden Weltkriegen, hart zu spüren bekommen. Manche natürliche Verbindung mit dem Hinterland im elsässischen Sundgau oder im badischen Markgräflerland wurde jäh unterbrochen. Mitbetroffen waren viele verwandtschaftliche Bindungen. Alle drei Teile sind aufeinander angewiesen: als wirtschaftlicher Raum, als Herkunftsort vieler Pendler, als Wandergebiet oder als Treffpunkt der Gourmets. Elsässer und Badenser kommen werktags mit ihren Landwirtschafts-Produkten auf den Basler Markt oder in die Wohnquartiere.

Überall stossen die Bewohner im Baselbieter Jura, im Elsass und im Badischen auf gemeinsame historische, kulturelle und wirtschaftliche Wurzeln. In der 1963 gegründeten Arbeitsgemeinschaft «Regio Basiliensis» hat diese Tatsache zu einem Zusammenschluss geführt. Die «Regio» bezweckt die allseitige Mitwirkung bei der Planung und die Förderung der wirtschaftlichen, politischen und kulturellen Entwicklung des Raumes zwischen Jura, Vogesen und Schwarzwald. Es geht um die Wahrung gemeinsamer Interessen und um die Lösung gemeinsamer Probleme. Gemeinsam ist auch die Sprache, das Alemannische, das in den einzelnen Gebieten noch typische Eigenheiten aufweist. Hier ist der Dialekt Umgangssprache aller Kreise.

La plaine d'Alsace qui s'étend presqu'à perte de vue et le grand fleuve exercent un attrait quasi magique sur les Bâlois, malgré des frontières situées à proximité de la ville. A cause de ce voisinage immédiat de la France et de l'Allemagne, les habitants de Bâle franchissent aisément et constamment des frontières qui ne sont pas des barrières, mais des zones de contact. Il est vrai que Bâle a souvent durement souffert de l'exiguïté de son territoire. De nombreux contacts existant de longue date avec la Haute-Alsace et le Pays de Bade ont été interrompus. Il en était de même pour les liens de famille et de parenté tissés depuis des générations. Les ressortissants des trois nations en présence ont besoin les uns des autres sous tous les rapports: lieux de travail, zones de loisirs et rendez-vous des gourmets. Les Alsaciens et les gens du Pays de Bade apportent leurs produits maraîchers sur le marché de Bâle.

Partout, les habitants de cette région qui réunit trois pays retrouvent des racines culturelles, historiques et économiques identiques qu'un contact étroit est venu renforcer. Dans la communauté de travail «Regio basiliensis», fondée en 1963, ces facteurs – là ont été mis en évidence. La «Regio» poursuit la planification et la promotion du développement de l'espace géographique compris entre le Jura, les Vosges et la Forêt-Noire. Il s'agit de sauvegarder des intérêts communs et résoudre des problèmes qui se posent à tous. Un élément d'union très important est la langue, le dialecte alémanique, qui a su conserver des particularités typiques dans certaines régions. Ce dialecte, parlé dans tous les milieux, est d'une grande vitalité et mérite d'être défendu âprement comme étant la langue traditionnelle de cette région.

The broad reaches of the upper Rhine valley have always fascinated the people of Basle, and with France and West Germany right at the edge of town the Basler have come to view international boundaries more as points of contact than of division. But Basle has also had to feel the harsher side of its frontier location, particularly during the two world wars; some of Basle's natural and centuries-old links with the Alsatian "Sundgau" and the margravate of Baden have been rudely severed by politics, and even family relationships were affected. But all three territories form an economic region, and their interdependence is underscored by the heavy commuter traffic across the borders, by the weekday presence of vegetable carts from Alsace and Baden on Basle's market square and in the neighborhood streets, by the border-crossing gastronomic forays so beloved by the Basler, and by the intensive use of the border region as a hiking and picnic area by lovers of the outdoors from all three countries. There are also deep-rooted historical and cultural affinities binding the inhabitants of the Basle Jura, Alsace and Baden. In recognition of these common interests, the "Regio Basiliensis" was set up in 1963 as an instrument for regional cooperation, and especially to encourage collaboration between all three "sides" in the planning and promotion of economic, political and cultural development in the territory between the Jura, Vosges and Black Forest mountain ranges. The people of the "Regio" also share an Alemannic language, which still preserves characteristic features in individual areas, and the dialect continues to be cultivated as the preferred medium of communication in all segments of society.

Dom von Arlesheim bei Basel, erbaut 1681, bis zur Französischen Revolution Sitz des Domkapitels des Bistums Basel mit prächtiger Innenausstattung und berühmter Silbermann-Orgel.

La cathédrale d'Arlesheim près de Bâle, construite en 1681. Siège du chapitre des chanoines de l'évêché de Bâle jusqu'à la Révolution française. Son intérieur baroque est richement orné. Elle contient un fameux orgue Silbermann.

The Arlesheim cathedral near Basle, erected in 1681. The bishop of Basle held his councils here until the time of the French Revolution, and its richly finished interior includes a famous Silbermann organ.

Geschichte im Überblick

1. Jh. v. Chr. Rsurachersiedlung beim heutigen Voltaplatz

58 v. Chr. Auszug der Rauracher mit den Helvetiern nach Gallien – Niederlage bei Bibrakte (nahe von Autun im Burgund) – Rückkehr – Beginn der römischen Herrschaft

12 v. Chr. Kastell auf dem heutigen Münsterplatz

374 Erste Erwähnung des Namens Basilia durch den römischen Historiographen Ammianus Marcellinus

um 450 Einbruch der Alemannen

6. Jh. Fränkische Stadt

917 Einbruch eines heidnischen Volkes aus dem Donauraum, Zerstörung der Stadt

1006 Kaiser Heinrich II. verleiht dem Bischof die weltliche Stadtherrschaft

1019 Weihe des neuen Münsters, grosse Schenkungen durch Heinrich II.

1024 Basel kommt zum Heiligen Römischen Reich Deutscher Nation

1083 Gründung des ersten Klosters: Cluniacenserkloster St. Alban

um 1200 Erster Rat der Stadt, Errichtung einer Stadtmauer, später Schaffung von Zünften

1225 Bau der ersten Rheinbrücke

13. Jh. Planmässige Anlage von Kleinbasel, des rechtsrheinischen Brückenkopfes

um 1340 Beulenpestepidemie

1356 Lukastag, 18. Oktober, grosses Erdbeben, Brand und Zerstörung der Stadt

1398 Fertigstellung der äusseren Stadtmauer

1400 Gebietserwerbungen auf der Landschaft

1417 Grosser Stadtbrand

1431–1448 Reformkonzil, Papstwahl und Papstkrönung

L'histoire de Bâle en résumé

1er siècle avant J.-Chr. Habitat des Rauraques près de la Voltaplatz

58 av. J.-Chr. Exode des Rauraques et des Helvètes en Gaule – défaite de Bibracte (Mont Beuvray près d'Autun en Bourgogne) – retour – début de la domination romaine

12 av. J.-Chr. Fort romain près de la cathédrale

374 après J.-Chr. Première mention du nom de Bâle (Basilia) par l'historiographe romain Ammien Marcellin

env. 450 après J.-Chr. Arrivée et établissement des Alamans

6e siècle Ville des Francs

917 Incursion d'une peuplade païenne des régions du Danube. Destruction de la ville

1006 L'empereur germanique Henri II investit l'évêque du pouvoir temporel sur la ville
.
1019 Consécration d'une nouvelle cathédrale, à laquelle Henri II fait des dons importants

1083 Fondation du premier couvent: St-Alban de l'ordre de Cluny

1200 env. Premier conseil municipal. Construction d'un rempart autour de la ville. Création de corporations un peu plus tard.

1225 Construction du premier pont

13e siècle Etablissement planifié du «Petit-Bâle» comme tête de pont sur la rive droite du Rhin

1340 env. Epidémie de peste

1356 18 octobre Le jour dédié à St-Luc, un tremblement de terre violent et des incendies détruisent la ville

1398 L'enceinte extérieure est terminée

1431 à 1448 Concile destiné à réformer l'Eglise. Election d'un antipape

1444 Bataille de St-Jacques entre mercenaires français et Confédérés

Important dates

1st century B.C. Raurici settlement at today's Voltaplatz

58 B.C. Attempted migration by Raurici and Helvetii – defeated at Bibracte (near Autun in Burgundy) – return – beginning of Roman rule

12 B.C. Fort at today's Münsterplatz

374 A.D. First mention of Basilia by historian Ammianus Marcellinus

c. 450 Alemannic conquest

6th century Frankish city

917 Basle sacked by barbarian invaders from Danube basin

1006 Henry II (of Germany) invests bishop with secular authority over city

1019 Consecration of new cathedral; generous gifts from Henry II (now Holy Roman Emperor)

1024 Basle joins Holy Roman Empire (German Empire)

1083 Benedictine (Cluniac) order founds St. Alban monastery

c. 1200 First city council; erection of city wall; later, rise of the guilds

1225 First Rhine bridge

13th century Kleinbasel established on right bank of Rhine, a medieval example of urban planning

c. 1340 Bubonic plague

1356 St. Luke's Day, 18th October: earthquake and fire devastate city

1398 Completion of outer wall

1400 Acquisition of territories in surrounding countryside

1417 Great fire

1431–1448 Council of Basle, election of antipope

1444 Battle of St. Jakob an der Birs: French mercenary force against soldiers of Swiss Confederation